Angelika Kipp

STOFFMALEREI für Kinder

frechverlag

Wir danken der Firma Nerchau, die uns freundlicherweise Stoffmalfarben für dieses Buch zur Verfügung gestellt hat.

Zeichnungen: Berthold Kipp
Fotos: frechverlag GmbH + Co. Druck KG, 70499 Stuttgart;
Fotostudio Ullrich & Co., Renningen

Dieses Buch enthält:
2 Vorlagenbogen

Materialangaben und Arbeitshinweise in diesem Buch wurden von der Autorin und den Mitarbeitern des Verlags sorgfältig geprüft. Eine Garantie wird jedoch nicht übernommen. Autorin und Verlag können für eventuell auftretende Fehler oder Schäden nicht haftbar gemacht werden. Das Werk und die darin gezeigten Modelle sind urheberrechtlich geschützt. Die Vervielfältigung und Verbreitung ist, außer für private, nicht kommerzielle Zwecke, untersagt und wird zivil- und strafrechtlich verfolgt. Dies gilt insbesondere für eine Verbreitung des Werkes durch Film, Funk und Fernsehen, Fotokopien oder Videoaufzeichnungen sowie für eine gewerbliche Nutzung der gezeigten Modelle.

Auflage: 5. 4. 3. 2. 1. | Letzte Zahlen
Jahr: 2005 2004 2003 2002 2001 | maßgebend

© 2001

frechverlag GmbH + Co. Druck KG, 70499 Stuttgart

ISBN 3-7724-2811-8 · Best.-Nr. 2811

Druck: frechverlag GmbH + Co. Druck KG, 70499 Stuttgart

Hallo, liebe Kinder und andere Malbegeisterte!

Die Stoffmalerei ist ein Hobby, das Alt und Jung begeistert! Habt ihr schon einmal mit Stoffmalfarben gemalt? Ja? Super! Und wer es bis jetzt noch nicht probiert hat, sollte es gleich versuchen!

Die kunterbunten Motive, die ich mir für euch ausgedacht habe, sind gut zum Malen für Kinder geeignet, können aber genausogut von Erwachsenen für ihren Nachwuchs gearbeitet werden.

Bei der Farbgestaltung könnt ihr natürlich eure eigene Fantasie spielen lassen und die vielen verschiedenen leuchtenden Farben ausprobieren. Habt ihr schon ein Lieblingsmotiv gefunden? Ich glaube, die Auswahl wird euch sicher genauso schwer fallen wie mir!

Bemalt einfach T-Shirts mit Clowns, Turnbeutel mit sportlichen Elefanten oder Tischsets mit eurem Lieblingstier. Marsmännchen auf Kissen begleiten euch in euren Träumen, wo ihr sicher dem lustigen Tier-Express begegnet.
Nette Gespenster, liebe Bienen und kleine Stacheltiere verschönern Tasche, Deckchen und Mäppchen.

Schaut einfach mal rein: In diesem Buch ist echt was los!

Viel Spaß beim Malen wünscht euch

Angelika Kipp

Malvergnügen pur mit Stoffmalfarben..............

- **Stoffmalfarben**
Als ich das erste Mal mit diesen Farben gearbeitet habe, war ich von ihnen gleich total begeistert. Die Farben lassen sich leicht auftragen, sind wasch-, reib- und bügelbeständig, sehr ergiebig und haben eine tolle Farbintensität. Die Farbauswahl ist riesig: Du kannst zwischen einfachen, brillanten und metallicfarbenen Tönen wählen.

- **Stoffe**
Die Farben sind für Natur- und Synthetikstoffe gleichermaßen geeignet. Du kannst sie mit dem Pinsel aufmalen, aufspritzen, drucken und stempeln. **Beachte aber immer die Verarbeitungshinweise des Herstellers!**
Die Stoffe sollten gewaschen sein, bevor du sie bemalst, damit die Appretur entfernt ist.

- **Textilstift**
Einen Stoffmalstift (z. B. TEX-PEN® fein) habe ich in Schwarz für das Nachzeichnen der Konturen verwendet, da er eine sehr feine Spitze hat. Außerdem können auch kleinere Flächen damit ausgemalt werden.

- **Pinsel**
Ich habe mit folgenden Pinseln gearbeitet:
Haarpinsel Nr. 1, 2, 3, 6, Borstenpinsel Nr. 2, 4, 6.

- **Gesichts-, Fell- und Hautfarbe (Mischfarbe)**
Bestimmte Farbtöne, die es nicht als eigene Farbe gibt, kannst du dir selber zusammenmischen. Ich habe mir einen beigefarbenen Ton einiger Motive gemischt. Bei der Herstellung des Farbtons habe ich folgende Anteile verwendet:
4 Anteile Weiß, 2 Anteile Gelb, 1 Anteil Braun.
Wenn du den Farbton dunkler wünschst, gibst du einfach noch etwas Braun hinzu. Soll der Ton aufgehellt werden, mischst du etwas Weiß hinzu.
Viel Spaß beim Experimentieren!

Und so wird's gemacht:

1 Schneide dein Lieblingsmotiv aus dem entsprechenden Vorlagenbogen heraus und lege es mit der bedruckten Seite auf den appreturfreien Stoff.
Damit die Vorlage beim Bügeln nicht verrutscht, befestige sie am besten mit Stecknadeln am Stoff. Lass einen Erwachsenen das heiße Bügeleisen (kein Dampfdruckbügeleisen) kurz ohne festen Druck und ohne kreisende Bewegungen auf das Papier setzen. Die Temperatureinstellung des Bügeleisens richtet sich nach dem Gewebe.
Hebe kurz vorsichtig eine Ecke des Papiers hoch und überprüfe, ob das Motiv auf dem Stoff abgebildet ist. Das Papier muss erkaltet sein, bevor du es wegnimmst. Die aufgebügelten Linien verschwinden nach dem Waschen. Jedes Motiv lässt sich ca. 8- bis 10-mal abbügeln.

2 Schiebe eine dünne Pappe unter den Bereich, den du bemalen willst, da die Farbe durchnässt. Die schwarzen Linien werden mit dem TEX-PEN® nachgezeichnet.

3 Nun kannst du die Flächen mit einem Haar- oder Borstenpinsel ausmalen. Je feiner die Fläche, die du ausmalen willst, ist, um so feiner sollte der Pinsel sein. Beachte die Verarbeitungshinweise des Herstellers! Ist die Farbe angetrocknet, entferne die untergelegte Pappe vorsichtig und ersetze sie durch eine neue. Ansonsten kann es passieren, dass durch die durchnässte Farbe die Pappe am Stoff haften bleibt.
Nach dem Trocknen der Farbe muss das Gewebe 5 Minuten lang von der Rückseite gebügelt werden. Dadurch wird die Farbe fixiert.

Ihr seht, das Malen mit Stoffmalfarben ist ein kinderleichtes Vergnügen! Und nun viel Spaß mit den vielen bunten Motiven!

Rate mal, wie ich heiße!

Motivhöhe
ca. 22 cm

Vorlagenbogen 1

Material
- Stoffmalfarben in Gelb, Rot, Blau Metallic, Grün Metallic, Weiß, Braun, Brillantblau, Brillantgrün
- Textilstift in Schwarz, fein

Die Hautfarbe wird wie auf Seite 4 erklärt gemischt.

Einfach kunterbunt

Motivhöhe
ca. 25 cm

Vorlagenbogen 1

Material
- Stoffmalfarben in Schwarz, Rot, Weiß, Gelb, Braun, Gelb Metallic, Grün Metallic, Blau Metallic, Brillantorange, Brillantpink
- Baumwollstoff, ca. 36 cm x 30 cm
- Bunter Bilderrahmen, ca. 32 cm x 24 cm
- Textilstift in Schwarz, fein

Die Hautfarbe wird wie auf Seite 4 erklärt gemischt.

Start ins Traumland

Motivhöhen
- Männchen in Rakete: ca. 17,5 cm
- Bär auf Mond: ca. 18 cm

Vorlagenbogen 1

Die Fellfarbe des Bären wird wie auf Seite 4 erklärt gemischt.

Material
- Männchen in Rakete: Stoffmalfarben in Gelb, Rot, Brillantpink, Blau Metallic, Silber, Brillantgrün, Brillantorange, Brillantblau
- Teddy auf Mond: Stoffmalfarben in Weiß, Gelb, Rot, Braun, Brillantpink, Brillantblau, Brillantorange, Brillantgrün, Blau Metallic
- Textilstift in Schwarz, fein

Ich komme von weit her

Motivhöhen
- Marsmännchen: ca. 26,5 cm
- Ufo: ca. 7 cm

Vorlagenbogen 1

Material
- Stoffmalfarben in Gelb, Rot, Brillantgrün, Brillantorange, Brillantblau, Brillantpink, Blau Metallic, Dunkelrot, Silber, Violett
- Textilstift in Schwarz, fein

Eine bunte Kuh

Motivhöhe
ca. 25,5 cm

Vorlagenbogen 1

Material
- Stoffmalfarben in Gelb, Rot, Brillantgrün, Brillantblau, Schwarz, Blau Metallic, Brillantrosa
- Textilstift in Schwarz, fein

Ein Deckchen zum Spielen

Motivhöhe
ca. 16 cm

Vorlagenbogen 2

Material
- Stoffmalfarben in Gelb, Schwarz, Blau, Rot, Brillantgrün, Brillantblau, Brillantorange
- Textilstift in Schwarz, fein

Ein kunterbunter Tier-Express

Motivhöhe
Lokomotive: ca. 19 cm

Vorlagenbogen 1 + 2

Material
- Stoffmalfarben in Schwarz, Braun, Dunkelgelb, Rot, Brillantrot, Brillantblau, Brillantpink, Brillantgrün
- Textilstift in Schwarz, fein

Biene Tine und Igel Mick

Motivhöhen
- Biene: ca. 24 cm
- Igel: ca. 26,5 cm

Vorlagenbogen 1

Material
- Igel: Stoffmalfarben in Dunkelgelb, Braun, Brillantblau, Brillantorange, Brillantgrün, Brillantrot
- Biene: Stoffmalfarben in Gelb, Rot, Schwarz, Hellgrün, Silber, Braun, Brillantgrün, Brillantpink, Brillantblau
- Textilstift in Schwarz, fein

Ungewöhnliche Freunde

Motivhöhe
ca. 20,5 cm

Vorlagenbogen 1

Material
- Stoffmalfarben in Weiß, Gelb, Rot, Brillantblau, Brillantrot, Brillantgrün, Schwarz, Braun, Orange
- Textilstift in Schwarz, fein

Die Fellfarbe des Hundes wird wie auf Seite 4 beschrieben gemischt.

Mein Lieblingspüppchen

Motivhöhe
Püppchen: ca. 20 cm

Vorlagenbogen 2

Material
- Stoffmalfarben in Gelb, Weiß, Braun, Rot, Blau, Violett, Schwarz, Brillantpink, Brillantgrün
- Baumwollstoff, ca. 35 cm x 29 cm
- Bilderrahmen, ca. 30 cm x 24 cm
- Textilstift in Schwarz, fein

Die Hautfarbe des lieben Püppchens ist eine Mischfarbe (s. Anleitung Seite 4).

Meine eigene Schürze!

Motivhöhe
ca. 12 cm

Vorlagenbogen 1

Material
- Stoffmalfarben in Gelb, Braun, Violett, Brillantrot, Brillantpink, Brillantgrün, Brillantorange, Blau, Brillantblau
- Textilstift in Schwarz, fein

So bleiben wir alle sauber!

Motivhöhe
ca. 20 cm

Vorlagenbogen 2

Material
- Stoffmalfarben in Gelb, Rot, Blau Metallic, Dunkelblau, Grün Metallic, Brillantblau
- Textilstift in Schwarz, fein

Witzige Vögelchen

Motivhöhe
ca. 12 cm

Vorlagenbogen 1

Material
- Stoffmalfarben in Gelb, Brillantrosa, Brillantblau, Brillantgrün
- Textilstift in Schwarz, fein

Wassersport

Motivhöhe
ca. 18,5 cm

Vorlagenbogen 2

Material
- Stoffmalfarben in Gelb, Schwarz, Silber, Brillantrosa, Brillantrot, Brillantblau, Brillantgrün, Blau Metallic, Grün Metallic, Violett Metallic
- Textilstift in Schwarz, fein

Elefant on Tour!

Motivhöhe
ca. 19 cm

Vorlagenbogen 2

Material
- Stoffmalfarben in Gelb, Silber, Brillantrot, Brillantpink, Brillantblau, Brillantgrün, Violett Metallic, Grün Metallic
- Textilstift in Schwarz, fein

Meine Lieblingstiere

Motivhöhen
- Katze und Maus: ca. 13,5 cm
- Pferd: ca. 14 cm

Vorlagenbogen 2

Material
- Katze und Maus: Stoffmalfarben in Gelb, Brillantrot, Brillantpink, Brillantblau, Brillantgrün, Brillantorange
- Pferd: Stoffmalfarben in Gelb, Braun, Hellgrün, Brillantrot, Brillantblau, Brillantgrün
- Textilstift in Schwarz, fein

Für Geisterfans

Motivhöhe
ca. 20 cm

Vorlagenbogen 2

Material
- Stoffmalfarben in Blau, Brillantrosa, Brillantgrün, Brillantrot, Brillantblau, Gelb
- Textilstift in Schwarz, fein

Am Nordpol

Motivhöhe
ca. 13,5 cm

Vorlagenbogen 1 + 2

Material
- Stoffmalfarben in Rot, Gelb, Blau Metallic, Silber
- Textilstift in Schwarz, fein

Es ist Winter!

Motivhöhe
ca. 20,5 cm

Vorlagenbogen 2

Material
- Stoffmalfarben in Gelb, Dunkelrot, Blau, Orange, Brillantgrün, Brillantpink, Schwarz
- Textilstift in Schwarz, fein